westermann

Karibu

Übungsheft Fördern 2

Erarbeitet von

Astrid Eichmeyer, Katja Eisenzapf,
Hannah Grönert, Steffi Lang,
Andrea Warnecke, Sabine Willmeroth

Bearbeitet für die Förderausgabe von

Elena Bader, Elena Fritzler

Illustriert von

Matthias Berghahn, Michael Ciecimirski,
Svenja Doering, Gaby Jungkeit,
Silke Reimers

Inhaltsverzeichnis

Was diese Zeichen bedeuten:

- Erzähle.
- Lies.
- Schwinge. Setze Silbenbögen. Markiere die Piloten.
- Schreibe. Markiere. Unterstreiche. Male.
- Kreuze an.
- Kreise ein.
- Verbinde.
- Ich bearbeite die Aufgabe in meinem Schreibheft.

So verwendest du die QR-Codes:

Anforderungsbereiche: ◯ 1 ◯ 2 ◯ 3

• Verweis zum Sprachbuch

In den Fußzeilen sind die Kompetenzen der jeweiligen Seite aufgeführt.

Kompetenzbereich

Silben schwingen

Die Piloten **a, e, i, o und u** heißen jetzt Vokale.

① Setze die Vokale ein. Setze Silbenbögen.

H u pe

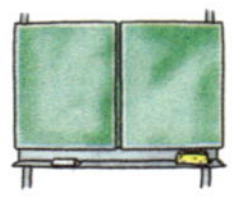
T___fel

St___fte

H___se

P___ket

Die Vokale **ä, ö, ü** heißen auch Umlaute.

Die Vokale **au, ei und eu** heißen auch Zwielaute.

② Setze die Umlaute **ä, ö, ü** ein. Setze Silbenbögen.

Fl ö te

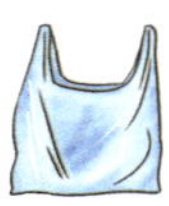
T___te

K___se

K___fer

M___we

H___te

③ Setze die Zwielaute **Ei/ei, Au/au, Eu** ein.
Setze Silbenbögen.

Tr au ben

___to

___mer

___ro

Am___se

Sprache untersuchen sprachliche Strukturen kennen und anwenden: Wörter in Silben gliedern; Vokale, Diphtonge, Umlaute markieren; Rechtschreibstrategien anwenden: Mitsprechen

• SB, S. 10

Offene und geschlossene Silben unterscheiden

Steht **ein Vokal** am Ende der Silbe,
ist die **Silbe offen**: Flöte.
Steht kein Vokal am Ende der Silbe,
ist die Silbe geschlossen: Kaktus.

① Setze Silbenbögen. Markiere die Vokale.

Flöte	Kaktus	Leiter	Tore
Kinder	Tüte	Mantel	Stifte

② Ordne die Wörter aus ① in die Tabelle.

erste Silbe **offen**	erste Silbe **geschlossen**
Flöte	Kaktus

③ Verbinde.

In Tafel	steht **ein Vokal** am Ende der ersten Silbe.
In Tante	steht **kein Vokal** am Ende der ersten Silbe.

sprachliche Strukturen kennen und anwenden: offene und geschlossene Silben kennen und anwenden; Rechtschreibstrategien anwenden: Mitsprechen

Wörter mit e, el, en mitsprechen

1 Schreibe a, e, i, o, u. Setze Silbenbögen.
Markiere die Vokale.

Kart_e_n

Scher__

Würf__l

Reg__n

Pins__l

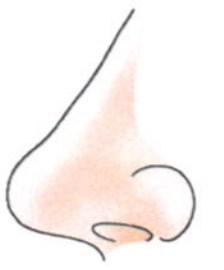
Nas__

2 Schreibe die Wörter aus 1 in die Tabelle.
Setze Silbenbögen.

e	el	en
		Karten

In jeder Silbe ist ein Vokal.

3 Schreibe die Wörter.
Setze Silbenbögen. Markiere die Vokale.

 Insel

Richtig schreiben

rechtschriftliche Kenntnisse anwenden:
Wörter mit -e, -el, -en schreiben;
Rechtschreibstrategien anwenden: Mitsprechen

• SB, S. 12

Wörter mit er mitsprechen

① Schwinge die Wörter.
Setze den Vokal ein. Markiere.

Ich spreche **a** am Ende.
Ich schreibe aber **er**.

Fed e r	Kleb __ r	Büch __ r
Ank __ r	Fenst __ r	Leit __ r

② Schreibe die Wörter aus ①.
Setze Silbenbögen. Markiere die Vokale.

 Feder

 ____________

 ____________

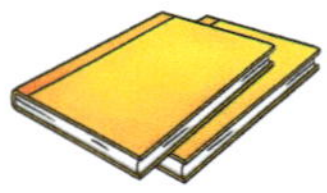 ____________

 ____________

 ____________

③ Schreibe das Wort in die Lücke.

Milan holt die B____________ aus dem Regal. 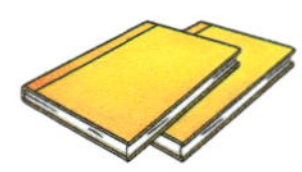

Kari steht auf der ____________. 

Die ____________ ist leicht. 

Das Schiff hat einen ____________. 

Das ____________ ist geschlossen. 

Klassenregeln schreiben

1 Lies Verbinde.

Wir hören zu.	
Wir melden uns.	
Wir sind leise.	

2 Schreibe die Sätze aus 1 passend auf. Achte auf den Satzanfang und den Punkt am Satzende.

 Wir ______

 ______

 ______

3 Lies genau. Welches Wort passt? Schreibe.

flüstern | leise | helfen | räumen

Wir arbeiten l______ und stören keinen.

Wir ______ anderen Kindern.

Wir ______ unsere Klasse auf.

Wir ______ bei der Partnerarbeit.

Texte planen: Klassenregeln entwickeln;
Texte schreiben: nach Mustern schreiben (Klassenregeln);
Arbeitstechniken kennen und anwenden: Abschreibtechnik nutzen

• SB, S. 14, 15

Wörter mit e, el, en, er mitsprechen

① Lies die Wörter. Setze Silbenbögen.
Markiere **e**, **el**, **en**, **er**.

Grundwortschatz	
Ende	
Seife	
Pfote	
Schnabel	
Windel	

Grundwortschatz	
Daumen	
Kuchen	
Körper	
Bruder	
Schwester	

② Schreibe die Kari-Wörter ab.
Setze Silbenbögen.

Ende,

③ Setze die Wörter passend ein.

Schwester | Kuchen | Daumen

Wir backen einen K______.

An jeder Hand habe ich einen ______.

Meine kleine ______ heißt Lisa.

Silben schwingen

1 Schreibe **a, e, i, o, u**. Setze Silbenbögen.

St_i_fte

Sch___fe

B___sen

Bl___me

D___se

2 Schreibe **ä, ö, ü**. Setze Silbenbögen.

L_ö_we

K___se

T___te

Fl___te

3 Schreibe **ei, Au, Eu/eu**. Setze Silbenbögen.

F_eu_er

___to

Am___se

___le

4 Schreibe die Wörter.
Setze Silbenbögen. Markiere.

Löwe

Wörter mit e, el, en, er mitsprechen

① Setze Silbenbögen.
Setze Vokale ein. Markiere.

Gab e l

Lamp__

Bes__n

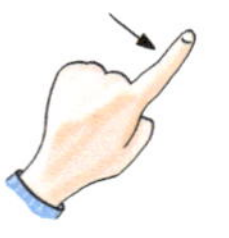
Fing__r

② Schreibe die Wörter auf. Setze Silbenbögen.
Markiere die Vokale.

~~Kinder~~ Enten Schaukel Insel Eimer Blumen

Kinder,

③ Schreibe die Wörter aus ② in die Tabelle.
Setze Silbenbögen. Markiere die Vokale.

er	el	en
Kinder		

• SB, S. 17

Inhalte des Kapitels wiederholen;
eigenen Lernstand reflektieren

Nomen kennen und ordnen

① Male die Wörter passend an.

Koch | Ente | Gras | Oma | Glas | Hund | Seil | Rose

Menschen

Tiere

Pflanzen

Dinge

Wörter für **Menschen, Tiere, Pflanzen** und **Dinge** heißen **Nomen** (Substantive).

② Ordne die Nomen aus ①. Markiere den ersten Buchstaben.

Menschen: Koch,

Tiere:

Pflanzen:

Dinge:

③ Schreibe die Nomen auf. Setze Silbenbögen. Markiere den ersten Buchstaben.

Nudel

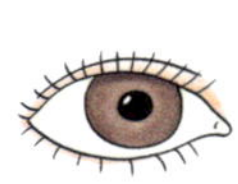

Bestimmte Artikel kennen

1 Schreibe die Nomen mit Artikel: der, die, das.

~~Banane~~ | Salat | Tomate | Apfel | Eis | Glas

die Banane

Nomen können einen bestimmten **Artikel** haben: **der** Ball, **die** Tasche, **das** Seil.

2 Schreibe die Nomen in die Tabelle.

Käse | Birne | Ei | Keks | Brot | Milch

der	die	das
Käse		

3 Lies. Setze den bestimmten Artikel ein: der, die, das

Auf dem Tisch steht ______ Teller für ______ Suppe.

Daneben liegt ______ Besteck.

Nomen großschreiben

① Schreibe die Nomen mit Artikel. Markiere den ersten Buchstaben.

Brot	Brezel	~~Kürbis~~	Ei	Gurke	Saft

 der Kürbis

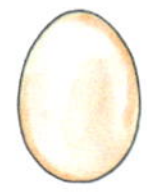

der Kürbis

Schiebewort: Zwischen **Artikel** und **Nomen** kannst du ein Wort schieben: der kleine Kürbis.

② Schreibe die Nomen aus ① mit dem Schiebewort **kleine**.

der kleine Kürbis

rechtschriftliche Kenntnisse anwenden: Nomen (Konkreta) erkennen und großschreiben;
Rechtschreibstrategien anwenden: Nomen großschreiben
• SB, S. 22

Wörter mit St/st, Sp/sp und Qu/qu mitsprechen

1 Schreibe die Wörter zu den Bildern.
Markiere **St** und **Sp**.

Steine Sterne ~~Stifte~~

Ich spreche **scht**.
Ich schreibe **St/st**.

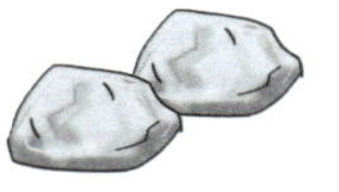

Stifte

Spagat Spritze Specht

Ich spreche **schp**.
Ich schreibe **Sp/sp**.

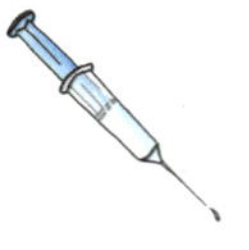

Spagat

2 Schreibe die Nomen mit Artikel.
Markiere **Qu/qu**.

Ich spreche **kw**.
Ich schreibe **Qu/qu**.

Quadrat Qualle Aquarium Quark

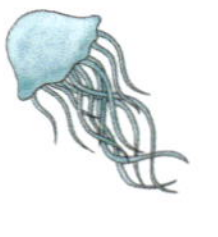

das Quadrat

rechtschriftliche Kenntnisse anwenden:
Wörter mit Mehrgraphemen schreiben;
Rechtschreibstrategien anwenden: Mitsprechen

Ein Akrostichon planen und schreiben

① Lies die Gedichte.

② Schreibe ein Gedicht zu Arif.

A

R

I

F

③ Schreibe ein Gedicht zu Tara.

Wörter mit Sp/sp, St/st und Qu/qu mitsprechen

1. Lies. Setze Silbenbögen.
   Markiere **Sp/sp**, **St/st** und **Qu/qu**.

Grundwortschatz
der Stein
stören
staunen
der Stift
spülen

Grundwortschatz
der Sport
springen
die Spinne
der Quark
quaken

2. Schreibe die Kari-Wörter ab.

der Stein, ____________________

____

3. Setze die Wörter passend ein.

quaken springen Spinne

Die Kinder S__________ in die Luft.

Die __________ ist im Netz.

Die Frösche __________ laut.

Nomen kennen und ordnen

① Schreibe die Nomen passend in die Tabelle.

~~Korb~~	Messer	Hose	Erbse
Müsli	Honig	Quark	Saft
Nase	Wasser	Nuss	Brot

der	die	das
Korb		

② Male die Nomen passend an.

Menschen

Tiere

Pflanzen

Dinge

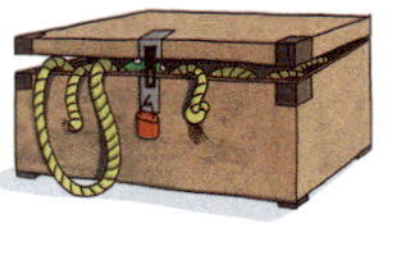

Hund	Tante	Nashorn	Auto	Kind	Strauch
Buch	Baum	Stift	Ratte	Lehrerin	Gras

Inhalte des Kapitels wiederholen; eigenen Lernstand reflektieren

• SB, S. 27

Nomen großschreiben

1 Kreise die Nomen ein.

Eis	trinkt	Tor	fit	Salat	Melone

2 Schreibe die Nomen aus 1 mit dem Schiebewort **kleine**.

das kleine Eis

Wörter mit Sp/sp, St/st und Qu/qu mitsprechen

3 Setze Silbenbögen. Markiere St/st und Sp/sp.

Sport stapeln Spagat staunen Streifen

4 Setze Qu/qu ein. Markiere.

A___arium ___adrat ___elle ___alle ___alm

Das Abc als Ordnungsprinzip kennen und anwenden

1 Welche Buchstaben fehlen? Ergänze.
Markiere die Vokale.

a b c d __ f __ __ __ j k l __
__ o p q __ __ t u v __ x y __

2 Ergänze die fehlenden Buchstaben.

d __ f | h __ jk | rs __ u
m __ o | wx __ z | a __ cd

3 Kreise den ersten Buchstaben ein.
Ordne die Wörter nach dem Abc.

Feder Gemüse Ente Iglu

1. E
2.
3.
4.

4 Kreise den ersten Buchstaben ein.
Ordne die Wörter nach dem Abc.

☐ Wolke 1 Baum ☐ Zaun ☐ Seil ☐ Hase

A a
B b
C c
D d
E e
F f
G g
H h
I i
J j
K k
L l
M m
N n
O o
P p
Q q
R r
S s
T t
U u
V v
W w
X x
Y y
Z z

sprachliche Begriffe kennen und anwenden: Vokale und Konsonanten im Alphabet unterscheiden;
sprachliche Strukturen anwenden: Wörter ordnen (Alphabet)
• SB, S. 30

Nomen: Einzahl und Mehrzahl bilden

① Welche Karten gehören zusammen? Male an.

 die Blume	 das Ufo	 der Stein
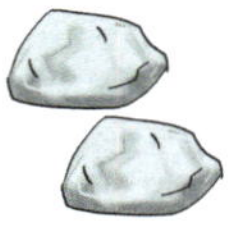 die Steine	 die Blumen	 die Ufos

Die meisten Nomen (Substantive) gibt es
in der **Einzahl** (Singular) und in der **Mehrzahl** (Plural):
der Stein – die Steine.

② Schreibe die Nomen in Einzahl und Mehrzahl auf.

Einzahl		Mehrzahl	
	die Wolke		die Wolken
		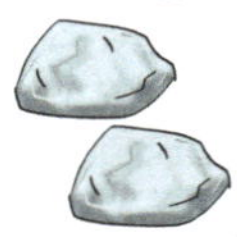	die
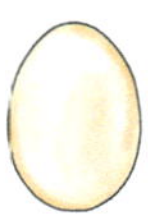		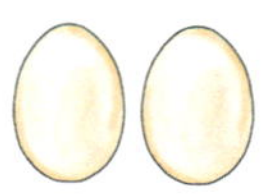	die
			die

③ Male die Einzahl und Mehrzahl in derselben Farbe an.

Gabel	Weg	Foto	Flasche	Stock	Berg
Flaschen	Stöcke	Berge	Gabeln	Fotos	Wege

Wörter mit Doppelkonsonanten mitsprechen

① Setze Silbenbögen.
Markiere den Vokal in der ersten Silbe.

Pfanne	Hammer	Löffel	Tanne

② Setze Silbenbögen.
Markiere den Vokal
in der ersten Silbe.

raten = erste Silbe **offen**
Ratten = erste Silbe **geschlossen**

Ratten raten	Hütte Hüte	Ofen offen

③ Schreibe die Wörter aus ② in die Tabelle.

erste Silbe **offen**	erste Silbe **geschlossen**
raten	R

④ Schreibe die Wörter auf.
Setze Silbenbögen. Markiere die Vokale.

Richtig schreiben

rechtschriftliche Kenntnisse anwenden: Wörter mit Doppelkonsonanz schreiben, offene/geschlossene Silbe erkennen; Rechtschreibstrategien anwenden: Mitsprechen

• SB, S. 32

Wörter mit ie und i mitsprechen

① Schreibe Reimwörter mit **ie**.

Diebe	lieben	siegen	Fliege
L	s	b	Z

② **i** oder **ie**? Trage ein.
Setze Silbenbögen.

Höre ich am Ende der Silbe i, schreibe ich meistens **ie**: Biene. Die Silbe ist offen.

B ie ne	l__gen	K__nder
tr__nken	W__se	Br__lle

③ **i** oder **ie**? Schreibe die Wörter auf.

 Biene

④ Lies. Schreibe die Wörter auf. Markiere **i** oder **ie**.

Wir treffen uns auf der  ______.

Dort sind viele  ______.

Die  ______ stehen im Kreis.

Alle  ______ Wasser.

Die Fünf-Finger-Geschichte schreiben

1 Erzähle.

2 Lies die Fünf-Finger-Geschichte.

Remo und Cleo spielen im Park.

Plötzlich rennt ein Hund auf sie zu.

Der Besitzer ruft den Hund.

Doch Cleo hat Angst.

...

3 Denke dir ein Ende zu der Geschichte in 2 aus. Schreibe auf.

Diese Ideen können dir helfen:

Wörter mit Doppelkonsonanten und ie mitsprechen

1. Lies. Setze Silbenbögen.
Markiere die Doppelkonsonanten und **ie**.

Grundwortschatz		
das Zimmer		
kommen		
rollen		
rennen		
die Klasse		

Grundwortschatz		
die Biene		
die Fliege		
das Fieber		
liegen		
der Riese		

2. Schreibe die Kari-Wörter ab.

das Zimmer,

3. Setze die Wörter passend ein. Markiere **ie**.

Fliege | Riese | liegen

Die Hunde l______ auf dem Boden.

Die ______ hat zwei Flügel.

Der ______ ist größer als der Baum.

Das kann ich

Das Abc als Ordnungsprinzip nutzen

① Setze die fehlenden Buchstaben ein.

a __ c d e __ g __ __ j __ __ m

n __ p q r s __ __ v w __ __ z

② Kreise den ersten Buchstaben ein.
Ordne die Wörter nach dem Abc.

☐ Sonne ☐ Regen ☐ Wind ☐ Ast ☐ Blume

Nomen: Einzahl und Mehrzahl bilden

③ Male die Einzahl und die Mehrzahl in derselben Farbe an.

Tisch | Schafe | Blume | Tische | Blumen | Schaf

④ Schreibe die Nomen in Einzahl und Mehrzahl auf.

Einzahl		Mehrzahl	
	der T		

Inhalte des Kapitels wiederholen;
eigenen Lernstand reflektieren
• SB, S. 37

Wörter mit Doppelkonsonanten mitsprechen

① Setze Silbenbögen.
Markiere den Vokal in der ersten Silbe.

Puppe	Kissen	wissen	lesen	Rüssel

② Schreibe die Wörter auf. Setze Silbenbögen.

 Wolle

Wörter mit ie und i mitsprechen

③ Schreibe Reimwörter mit **ie**.

wiegen	Wiese	Liebe	Ziele
fl	R	S	Sp

④ i oder **ie**? Trage ein.
Setze Silbenbögen.

W_i_nter	l__gen	v__le	spaz__ren
B__lder	Sp__gel	Br__lle	Schl__tten

Satzarten kennen

① Verbinde die Satzteile.

Am Ende eines **Aussage**satzes	steht ein **Frage**zeichen.	!
Am Ende eines **Frage**satzes	steht ein **Ausrufe**zeichen.	?
Am Ende eines **Ausrufe**satzes	steht ein **Punkt**.	.

② Setze die passenden Satzschlusszeichen ein: **! ? .**

Heute ist mir langweilig _._

Was kann ich tun ___

Hurra, ich habe eine Idee ___

Ich rufe Tim an ___

③ Setze die passenden Satzschlusszeichen ein: **! ? .**

1 Was machst du heute _?_

2 Ich wollte basteln ___

3 Das klingt toll ___

4 Machst du mit ___

5 Oh ja, gern ___

6 Kommst du zu mir ___

7 Ja, bis später ___

8 Bis dann ___

• SB, S. 40

Satzschlusszeichen setzen

(1) Lies. Setze ein passendes Satzschlusszeichen.
Markiere: **!** **?** **.**

Wir räumen unser Zimmer auf _._

Überall liegt Spielzeug ___

Ich hebe die Bausteine auf ___

Ordnest du die Bastelsachen ___

Jetzt sortieren wir die Bücher ___

Toll, wir sind fertig ___

(2) Schreibe den Text mit Satzschlusszeichen auf: **!** **?** **.**

Wir räumen unser Zimmer auf.

(3) Markiere in (2) die Satzschlusszeichen und die Satzanfänge.

Satzanfänge großschreiben

① Markiere die Satzanfänge.
Verbessere im Text.

Satzanfänge
schreibst du groß.

Heute
~~heute~~ möchte Sara mit dem Rad fahren.

sie holt das Fahrrad.

doch was ist das?

ein Reifen ist platt.

schnell pumpt sie den Reifen auf.

nun kann es losgehen.

② Markiere die Satzanfänge. Setze Satzschlusszeichen.

wir basteln. ich suche Schachteln

wo ist der Kleber ich baue Roboter

③ Schreibe die Sätze aus ② richtig auf.
Markiere die Satzanfänge und Satzschlusszeichen.

Wir basteln. Ich

rechtschriftliche Kenntnisse anwenden:
Satzanfänge großschreiben

• SB, S. 42

Wörter mit ß und s mitsprechen

① Setze Silbenbögen. Markiere ß.

heißen | fließen | stoßen | gießen | reißen

② Setze Silbenbögen. Setze ß oder s ein.

groß e	Ha__e	Klö__e	
Stra__e	Na__e	Fü__e	
lei__e	So__e	Krei__el	Ho__e

Das ß klingt wie das Zischen einer Schlange: Grüße.

Das s klingt wie das Summen einer Biene: Reise.

③ Trage die Wörter aus ② ein. Markiere.

ß	s
große	Hase

• SB, S. 43

rechtschriftliche Kenntnisse anwenden:
Wörter mit ß/s am Silbenanfang schreiben;
Rechtschreibstrategien anwenden: Mitsprechen

Rätsel planen und schreiben

(1) Lies die Wörtersammlung zum Staubsauger.

Strom	grün	Flur	Rollen	saugen

(2) Beantworte die Fragen. Setze die Wörter aus (1) ein.

Welche Farbe hat das Gerät?

Das Gerät ist grün.

Was braucht das Gerät?

Das Gerät braucht

Wo steht das Gerät?

Das Gerät steht im

Was hat das Gerät?

Es hat

Was kann das Gerät?

Es kann

(3) Lies und löse das Rätsel. Kreuze an.

Das Gerät ist oft grün.
Es braucht Strom oder Benzin.
Man benutzt es draußen.
Es hat Räder.
Es kann den Rasen kürzen.

☐ 

☐ 

☐ 

Wörter mit ß und s mitsprechen

1 Lies. Setze Silbenbögen. Markiere ß und s.

Grundwortschatz		
fließen	ω	
die Füße	ω	↑
heißen	ω	
die Grüße	ω	↑
gießen	ω	

Grundwortschatz		
die Straße	ω	↑
sausen	ω	
der Hase	ω	↑
die Reise	ω	↑
die Wiese	ω	↑

2 Schreibe die Kari-Wörter ab.

fließen, ______________________

____

____

3 Setze die Wörter passend ein.

Straße · sausen · Hase

Wir S__________ auf Rollschuhen um die Ecke.

Auf der __________ fahren viele Autos.

Der __________ hoppelt über das Feld.

Satzschlusszeichen setzen

1 Markiere Satzanfang und Satzschlusszeichen.

Alle erfinden eine Maschine. Das finde ich toll!
Ich habe schon eine Idee. Aber wie soll ich das
machen? Ich brauche Werkzeug.

2 Setze die passenden Satzschlusszeichen ein: ! ? .

Ich soll eine Maschine erfinden _._
Ich habe eine gute Idee___
Ich bastele eine Maschine, die mich krault___
Woher nehme ich den Motor___

3 Schreibe den Text aus 2 mit Satzschlusszeichen auf.
Markiere Satzanfang und Satzschlusszeichen.

Ich soll eine Maschine erfinden.

Satzanfänge großschreiben

1 Markiere die Satzanfänge. Verbessere im Text.

Adin
~~adin~~ bastelt eine Karte. zuerst faltet er ein Blatt.

dann schneidet er ein Herz aus.

2 Schreibe die Sätze aus 1 richtig auf.

Adin bastelt

Wörter mit ß und s mitsprechen

3 Setze Silbenbögen. Setze **ß** oder **s** ein.
Schreibe die Wörter in die Tabelle.

Rei__e   Fü__e   hei__en   brau__en

ß	s

Bestimmte und unbestimmte Artikel unterscheiden

① Verbinde passend.

bestimmte Artikel: der | die | das

unbestimmte Artikel: ein | ein | eine

② Schreibe den bestimmten und unbestimmten Artikel.

der / ein Hut	___ / ___ Puppe	___ / ___ Tier
___ / ___ Kleid	___ / ___ Lehrer	___ / ___ Oma

③ Schreibe das Wort mit unbestimmtem Artikel auf.

der Hund – ein Hund

das Zelt – ______

der Prinz – ______

die Treppe – ______

das Auto – ______

die Rose – ______

Wortfamilien erkennen

1 Markiere den Wortstamm SPIEL.

Spielplatz	Mitspielerin	spielen
du spielst	Ballspiel	verspielt
Handspiel	Beispiel	Spielzeug

2 Markiere den Wortstamm SUCH und SCHLAF .

Schatzsuche	versuchen	ausschlafen
verschlafen	Schlafsack	untersuchen

3 Schreibe die Wörter aus 2 in die Tabelle.

SUCH	SCHLAF
Schatzsuche	

4 Markiere den gemeinsamen Wortstamm.

Wettrennen	Rennpferd	wegrennen	sie rennt
anbauen	Baustelle	Bauer	er baut
Durchsage	vorsagen	er sagt	weitersagen

Nomen mit Auslautverhärtung weiterschwingen

1 Welche Wörter sind verwandt? Verbinde. Schreibe.

Brot

Zelt

Pferd

Hund

Pferde | Brote | Hunde | Zelte

Brot

Ich schwinge weiter: Hunde – also Hund mit d.

2 t oder d? Schwinge. Schreibe.

		Wort
der Hund	die Hunde	der Hund
das Bil___	die Bil__er	
das Pake___	die Pake__e	
das Klei___	die Klei__er	
der Win___	die Win__e	
der Sala___	die Sala__e	

rechtschriftliche Kenntnisse anwenden: Nomen mit Auslautverhärtung schreiben (t/d); Rechtschreibstrategien anwenden: Weiterschwingen

• SB, S. 52

Nomen mit Auslautverhärtung weiterschwingen

1. Welche Wörter sind verwandt? Male in derselben Farbe an.

Zweig	Hand	Kleid	Abend	Geschenk
Abende	Kleider	Geschenke	Hände	Zweige

2. k oder g? Schwinge. Schreibe.

		Wort
Ber g	Berge	Berg
Zwer ___		
Zu ___		
Geschen ___		

3. p oder b? Schwinge. Schreibe.

		Wort
Kor b	Körbe	Korb
Sie ___		
Die ___		
Urlau ___		

• SB, S. 53

rechtschriftliche Kenntnisse anwenden: Nomen mit Auslautverhärtung schreiben (t/d, k/g, p/b); Rechtschreibstrategien anwenden: Weiterschwingen

Eine Einladung schreiben

Das ist bei Einladungen wichtig.

(1) Lies die Einladung.

Lieber Steffen,

du bist herzlich zu meinem Geburtstag eingeladen.

Wir treffen uns am Samstag, den 12.08. um 15 Uhr in der Hauptstraße 17.

Ich freue mich auf dich!

Viele Grüße

Deine Lara

Checkliste:

Anrede

Anlass

Datum

Uhrzeit

Ort

Gruß

Name

(2) Beantworte die Fragen.

Wer bekommt die Einladung? Steffen

Wozu wird eingeladen? ______

An welchem Tag wird gefeiert? ______

Um wie viel Uhr beginnt die Feier? ______

Wo findet die Feier statt? ______

Wie lautet der Gruß? ______

Wer hat die Einladung geschrieben? ______

Texte schreiben: adressatengerecht und kriteriengeleitet eine Einladung schreiben; Texte überarbeiten: textsortenspezifische Kriterien nutzen

• SB, S. 54, 55

Nomen mit Auslautverhärtung weiterschwingen

1 Lies. Setze Silbenbögen. Markiere **d**, **g** und **b**.

Grundwortschatz		
der Abend		
der Hund		
das Kind		
das Pferd		
der Berg		

Grundwortschatz		
der Tag		
der Weg		
das Sieb		
der Urlaub		
der Dieb		

2 Schreibe die Kari-Wörter ab.

der Abend

3 Setze die Wörter passend ein.

Tag   Sieb   Urlaub

Das S______ brauchen wir im Sandkasten.

Am ______ ist es hell.

Im Sommer fahren wir in den ______.

Das kann ich

Bestimmte und unbestimmte Artikel unterscheiden

1 Schreibe die bestimmten und unbestimmten Artikel.

das ___ / ein ___ Kind	___ / ___ Hund	___ / ___ Feier
___ / ___ Buch	___ / ___ Tasche	___ / ___ Baum

2 Schreibe das Wort mit bestimmtem Artikel auf.

ein Prinz – ______

ein Baum – ______

eine Tasche – ______

ein Rad – ______

Wortfamilien erkennen

3 Markiere die Wörter einer Wortfamilie: WOHN LES

ablesen	Wohnung	Lesebuch
bewohnen	Wohnzimmer	vorlesen

Inhalte des Kapitels wiederholen; eigenen Lernstand reflektieren

• SB, S. 57

Nomen mit Auslautverhärtung weiterschwingen

① Welche Wörter sind verwandt? Male in derselben Farbe an.

Feld	Welt	Ast	Boot	Freund	Wald
Äste	Felder	Boote	Welten	Wälder	Freunde

② t oder d? Schwinge weiter.

		Wort
Schil d	Schilder	Schild
Stif ___		
Bil ___		
Klei ___		
Aben ___		

③ p oder b? Schwinge weiter. Schreibe die Nomen auf.

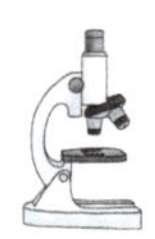

Verben kennen

① Was tun die Kinder? Verbinde.

reiten	springen	malen	singen	trinken

> Verben sagen, was **jemand tut**.
> Verben sagen, was **geschieht**.

② Kreise die Verben ein.

schreiben	winken	Qualle	springen
laufen	sagen	klettern	Baum
Eimer	rechnen	malen	turnen

③ Setze die Verben passend ein.

Die Kinder  ______________ mit ihren Stiften.

Wenn es warm ist, muss man viel  ______________.

Julia und Nina  ______________ um die Wette.

Personalformen von Verben kennen

① Schreibe das Verb in den Personalformen.
Markiere die Endung.

ich	trink	e	ich trinke
du		st	
er/sie/es		t	
wir		en	
ihr		t	
sie		en	

② Schreibe die Verben in den Personalformen. Markiere.

	rufen		hören
ich	rufe	ich	
du	ruf	du	
er		sie	
wir		wir	
ihr		ihr	
sie		sie	

• SB, S. 61

sprachliche Strukturen kennen und anwenden: Personalformen von Verben (regelmäßig) kennen, Möglichkeiten der Wortbildung kennen (Wortbausteine)

Wörter mit ck und tz schreiben

① Verbinde die Reimwörter.

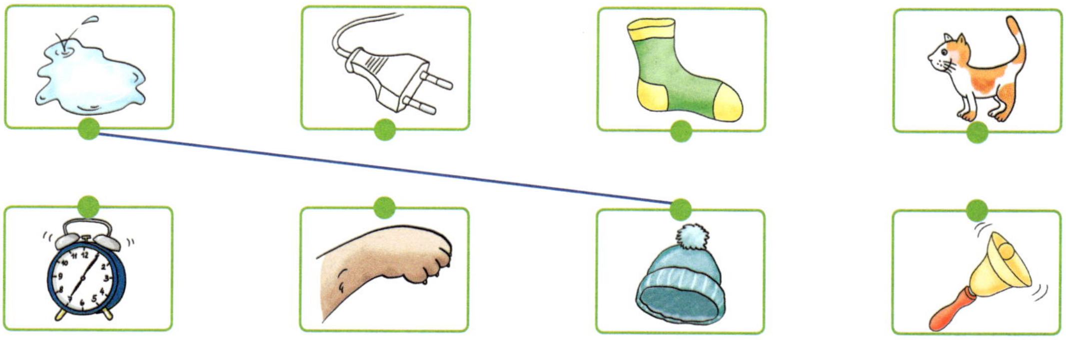

② Schreibe das Reimwort auf. Markiere **tz** und **ck**.

Pfütze	Stecker	Socke	Katze
Mütze	W	Gl	T

③ Schreibe das Reimwort auf. Markiere **tz** und **ck**.

schmatzen	schicken	schmecken	schnitzen
platzen	p	l	fl

④ Lies. Setze das passende Verb ein.

schmücken | backen | sitzen

Heute  __________ wir einen Kuchen.

In der Klasse  __________ alle im Kreis.

Wir  __________ den Raum.

rechtschriftliche Kenntnisse anwenden: Wörter mit ck und tz schreiben; Rechtschreibstrategien anwenden: Mitsprechen

• SB, S. 62

Verben mit Doppelkonsonanten weiterschwingen

1. Schwinge die Verben weiter.

		Wort
er ko mm t (~~m~~/mm)	wir kommen	er kommt
es so ___ (l/ll)		
sie ho ___ t (f/ff)		

2. Setze ein.

Julius re nn t durch das Kaufhaus. (~~n~~/nn)

Er ru ___ t nach seinem Vater. (f/ff)

Julius ne ___ t der Verkäuferin seinen Namen. (n/nn)

Schon ko ___ t sein Vater. (m/mm)

3. Verbinde. Markiere den Doppelkonsonanten.

er wippt

er schwimmt

er fällt

• SB, S. 63

rechtschriftliche Kenntnisse anwenden:
Verben mit Doppelkonsonanz schreiben;
Rechtschreibstrategien anwenden: Weiterschwingen

Schreibideen auswählen

1 Lies und wähle aus.

Eines Nachts hat Lola einen seltsamen Traum.
Sie schwebt durch die Luft mit

einer Fee.

einem Schirm.

einem Drachen.

Nach einiger Zeit landet Lola

auf einer Insel.

im Urwald.

in einem Schloss.

Dort trifft sie

einen Affen.

einen König.

eine Nixe.

Sie fragt: „Wie komme ich wieder nach Hause? Bitte hilf mir!“

2 Wie endet deine Geschichte? Schreibe Stichwörter.

3 Finde eine passende Überschrift.

Verben mit Doppelkonsonanten weiterschwingen

① Lies. Schwinge. Markiere die Doppelkonsonanten.

Grundwortschatz	
er schafft	
sie hofft	
es stellt	
er füllt	
sie rollt	

Grundwortschatz	
es soll	
er kommt	
sie schwimmt	
es rennt	
er kennt	

② Schwinge die Kari-Verben weiter. Wähle drei.

wir schaffen – er schafft

___

___

③ Setze die Verben passend ein.

soll   kommt   schwimmt

Das Boot sch___ auf dem Meer.

Heute ___ es schönes Wetter geben.

Meine Mama ___ nach Hause.

• SB, S. 66

Personalformen von Verben kennen

1 Kreise die Verben ein.

schwimmt | lacht | Wiese | träumt | denkt

2 Schreibe die Verben in den Personalformen. Markiere.

	denk**en**		sag**en**
ich	denke	ich	
du	denk	du	
er		sie	

wir		wir	
ihr		ihr	
sie		sie	

3 Schreibe die Verben in der passenden Personalform auf.

Kari und Bu liegen im Bett. ~~liegen~~/liegt

Kari ______ von Planeten. träumen/träumt

Bu ______ im Traum zum Mond. fliegen/fliegt

Inhalte des Kapitels wiederholen; eigenen Lernstand reflektieren

• SB, S. 67

Verben mit Doppelkonsonanten weiterschwingen

① Schwinge die Verben weiter.

		Wort
sie ste ll t (l/ll)	wir stellen	sie stellt
er ke ___ t (n/nn)		
er ru ___ t (f/ff)		
er scha ___ t (f/ff)		

② Was tun die Tiere? Schreibe Sätze.

 schnurren — Die Katze schnurrt.

 schwimmen

 klettern

③ Verbinde. Markiere den Doppelkonsonanten.

er rollt	er rennt	er bellt

Adjektive kennen

① Kreise die Adjektive ein.

klein	schön	Pferd	weich	stark

Adjektive sagen, **wie** etwas ist.
Wie ist die Schlange? Die Schlange ist **lang**.

② Beantworte die Fragen. Setze die Adjektive passend ein.

~~gestreift~~	lang	bunt

Wie ist die Katze? gestreift

Wie ist der Papagei? ______

Wie ist die Schlange? ______

③ Was ändert sich bei den Adjektiven? Markiere.

kleine	weiche	kurzen

Das Kaninchen ist **klein**. – das kleine Kaninchen

Das Fell ist **weich**. – das ______ Fell

Die Beine sind **kurz**. – die ______ Beine

Gegensätze von Adjektiven kennen

① Finde die Gegensatzpaare.
Male sie in derselben Farbe an.

hungrig	hell	laut	groß	alt	lang	hart	schwach
klein	kurz	jung	dunkel	stark	leise	weich	satt

② Schreibe die Gegensatzpaare aus ① auf.

hungrig – satt

hell –

③ Setze den passenden Gegensatz ein.

~~leise~~ dick klein weich

Die Maus ist nicht **laut**, sondern leise.

Das Fell ist nicht **hart**, sondern ______.

Der Elefant ist nicht **dünn**, sondern ______.

Die Katze ist nicht **groß**, sondern ______.

Adjektive mit Auslautverhärtung weiterschwingen

① Welche Wörter sind verwandt?
Male sie in derselben Farbe an.

fremd	rund	weit	bunt	breit
weite	breite	runde	fremde	bunte

② t oder d? Schwinge die Adjektive weiter. Setze ein.

		Wort
run d	der runde Ball	rund
wil___	der ___ Affe	
kal___	der ___ Winter	
bun___	das ___ Tuch	

③ Schwinge die Adjektive weiter. Setze ein.

		Wort
kran k (k/g)	das kranke Kind	krank
lie___ (k/g)	die ___ Katze	
klu___ (k/g)	das ___ Mädchen	
tau___ (p/b)	der ___ Hund	

Richtig schreiben

rechtschriftliche Kenntnisse anwenden:
Adjektive mit Auslautverhärtung schreiben;
Rechtschreibstrategien anwenden: Weiterschwingen

• SB, S. 72

Wörter mit ie weiterschwingen

1 Welche Wörter sind verwandt? Male sie in derselben Farbe an.

Tier	lieb	Brief	tief	viel
Briefe	Tiere	liebe	viele	tiefe

Auch bei Wörtern mit ie hilft weiterschwingen.

2 ie oder i? Schwinge die Nomen weiter.

		Wort
der D_ie_b	die Diebe	der Dieb
das L___d		
das B___ld		
das Sp___l		
das S___b		
das Z___l		

3 Schwinge die Verben weiter.

sie spielt	wir spielen	es riecht	
sie zielt	wir	sie liebt	
er fliegt		er biegt	

Einen Steckbrief schreiben

(1) Lies den Text.

Guppys sind Fische. Sie werden 3 bis 5 cm lang. Guppys gibt es in vielen leuchtenden Farben. Sie werden im Schwarm im sauberen Aquarium gehalten. Die Fische fressen Mückenlarven, Wasserpflanzen und Fischfutter. Das Wasser muss 20 bis 24 Grad warm sein.

(2) Markiere die wichtigen Informationen im Text in (1).
Schreibe einen Steckbrief über Guppys.

Steckbrief	
Name:	
Aussehen:	
Haltung:	- im Schwarm - im sauberen Aquarium - Wasser 20 bis 24 Grad warm
Nahrung:	

Texte planen: Informationen nach Oberbegriffen strukturieren, Stichwörter schreiben;
Texte schreiben: Steckbrief nach Muster schreiben

• SB, S. 74

Adjektive mit Auslautverhärtung weiterschwingen

1 Lies. Schwinge. Markiere **d, b, g**.

Grundwortschatz	
rund	
fremd	
wütend	
wild	
gesund	

Grundwortschatz	
blond	
gelb	
lieb	
halb	
klug	

2 Schwinge die Kari-Adjektive weiter.

runde – rund,

3 Setze die Adjektive passend ein.

liebe kluge gelbe

Die ______ Blume blüht auf der Wiese.

Das ______ Kind hat eine gute Idee.

Die ______ Katze schnurrt.

Adjektive und Gegensätze kennen

① Setze passende Adjektive ein.

kleine	kurze	~~braunes~~	großen	scharfe

Der Bär hat ein braunes Fell. Er hat kl ______

Ohren und ______ Beine. An den ______

Tatzen hat er ______ Krallen.

② Schreibe passende Sätze.

satt	~~fleißig~~	hoch	lang

Die Biene ist nicht **faul**, sie ist fleißig.

Kari ist nicht **hungrig**, er ist ______.

Bu fliegt nicht **tief**, er fliegt ______.

Der Rüssel ist nicht **kurz**, er ist ______.

③ Schreibe die Gegensätze auf.

hungrig – ______ lang – ______ hoch – ______

fleißig – ______ alt – ______

Inhalte des Kapitels wiederholen;
eigenen Lernstand reflektieren

• SB, S. 77

Adjektive mit Auslautverhärtung weiterschwingen

① Welche Wörter sind verwandt? Male sie in derselben Farbe an.

bunt	krank	gelb	klug	laut	rund
gelbe	bunte	kranke	laute	runde	kluge

② Schwinge die Adjektive weiter.

		Wort
schrä___ (k/g)	das schrä___e Regal	
blon___ (t/d)	die blon___en Haare	
trü___ (p/b)	der trü___e Saft	

③ ie oder i? Schwinge die Nomen weiter.

		Wort
der Br_ie_f	die Briefe	der Brief
das T___r		
das S___b		
das K___nd		

Inhalte des Kapitels wiederholen; eigenen Lernstand reflektieren

Wortstämme erkennen

1 Markiere die gemeinsamen Wortstämme in der passenden Farbe.

BACK SEH ZAHL

Bäckerei	ihr seht	zählen	Gebäck
backen	ansehen	verzählen	abzählen
Fernseher	Backform	bezahlen	Versehen

2 Markiere in jeder Reihe den gemeinsamen Wortstamm.

Abfall	umfallen	fällt	Einfall	gefällt	ausfallen
Koch	gekocht	Köchin	vorkochen	köcheln	
bauen	Bauer	Gebäude	Bausteine	abbauen	
trinken	Trank	getrunken	Trinkhalm	Getränk	

3 Unterstreiche die Wörter mit dem Wortstamm ESS.

Bu lädt Kari zum Essen ein.

Sie decken den Esstisch.

Es gibt Salat mit essbaren Blüten.

Kari isst gerne Tomaten.

Sie sind seine Lieblingsessen.

Bu und Kari haben alles aufgegessen.

Sprache untersuchen

sprachliche Strukturen kennen und anwenden: Wortfamilien und Wortstammänderung kennen, Möglichkeiten der Wortbildung nutzen (Wortfamilie)

• SB, S. 80

Vorsilben kennen

① Bilde mit den Vorsilben Verben.
Markiere die Vorsilbe.

auf
an
aus
ab

geben

aufgeben

los
mit
ver
weg

fahren

② Setze die Verben passend ein. Markiere die Vorsilbe.

abgeben | ausgeben | aufgeben

Frau Bär wird uns keine Hausaufgaben aufg.

Willst du dafür dein Taschengeld ?

Ali kann Maja etwas vom Brot .

Nomen mit ä und äu ableiten

① Male verwandte Wörter passend an.

Bank	Zaun	Haus	Gans
Zäune	Häuser	Bänke	Gänse

② Schreibe die Paare aus ① auf.

Bank – Bänke

③ Leite die Nomen ab.

		Wort
Str äu cher (~~eu~~/äu)	Strauch	Sträucher
S___fte (e/ä)		
R___me (eu/äu)		
F___ste (eu/äu)		
___ste (E/Ä)		

④ Schreibe die Wörter auf.

Richtig schreiben

rechtschriftliche Kenntnisse anwenden: Nomen mit ä und äu schreiben, verwandte Nomen finden; Rechtschreibstrategien anwenden: Ableiten

• SB, S. 82

Wörter mit ä und äu ableiten ↯

① Male verwandte Wörter passend an.

das Alter	lang	laufen	tragen	verkaufen
sie trägt	er läuft	älter	länger	der Verkäufer

② Leite die Verben ab.

	↯	Wort
sie tr_ä_gt (~~e~~/ä)	wir tragen	sie trägt
es s____ft (eu/äu)		
sie schl____gt (e/ä)		
er h____lt (eu/äu)		
es f____hrt (e/ä)		

③ Leite ab. Setze passend ein.

Unter unseren Str_äu_chern (~~eu~~/äu) wohnen M____se (eu/äu).

Sie klettern auf die ____ste (E/Ä).

Eine Maus findet eine Frucht zwischen den Gr____sern (e/ä).

Plötzlich läuft sie unter die Bl____tter (e/ä).

Sie rennt ____ngstlich (e/ä) in ihr Versteck.

• SB, S. 83

Eine Geschichte planen und schreiben

(1) Erzähle.

dunkel | Höhle | aufgeregt | ______

(2) Schreibe eine eigene Idee in den Blitz in (1) auf.

(3) Lies. Kreuze an. Schreibe.

Thema	Höhlenabenteuer
Anfangssatz	Wir finden eine versteckte Höhle.
Was passiert?	Wir leuchten mit der Taschenlampe in die Höhle.
Was passiert?	○ Wir schleichen uns mutig in die Höhle. ○ Wir hören Geräusche aus der Höhle. ○ Wir sehen etwas in der Höhle funkeln.
Was passiert?	○ Wir finden eine Schatztruhe. ○ Wir entdecken eine Fledermaus. ○ In der Höhle liegt ein alter Brief.
Ende	○ Wir verlassen aufgeregt die Höhle. ○ ______
Überschrift	______

(4) Schreibe deine Geschichte auf.

Texte planen: Ideen entwickeln, Inhalte strukturieren (Schreibplan); Texte schreiben: auf Basis von Schreibimpulsen eigenen Text schreiben

• SB, S. 84

Wörter mit ä und äu ableiten

① Lies. Schwinge. Markiere **ä**, **äu**.

Grundwortschatz		
die Nächte		
die Räder		
die Zäune		
die Mäuse		
die Sträucher		

Grundwortschatz	
er trägt	
sie hält	
es schläft	
er wäscht	
sie läuft	

② Leite die Kari-Wörter ab. Wähle drei.

die Nacht – die Nächte

③ Setze die Verben passend ein.

laufen | waschen | tragen

Kari und Bu ______ zur Waschmaschine.

Sie ______ einen Korb mit Wäsche.

Bu und Kari ______ gleich ihre Sachen.

Das kann ich

Wortstämme erkennen

① Markiere die gemeinsamen Wortstämme in der passenden Farbe.

SPRECH LIEB WORT

sprachlos	Liebling	Wörter	antworten
verliebt	Antwort	versprechen	beliebt
lieblich	Wort	Gespräch	gesprochen

② Markiere in jeder Reihe den gemeinsamen Wortstamm.

Helfer	hilflos	helfen	geholfen
Zauber	wegzaubern	verzaubern	Zauberstab

③ Setze die Verben passend ein. Markiere die Vorsilbe.

auspacken vorlesen vergessen

Wir wollen unsere Geschenke __________.

Bu möchte Mia aus dem Buch __________.

Maja hat ihre Hausaufgaben __________.

Inhalte des Kapitels wiederholen; eigenen Lernstand reflektieren

• SB, S. 87

Wörter mit ä und äu ableiten

1. Male verwandte Wörter passend an.

fallen	tragen	laufen	Traum	Bauch
sie läuft	sie fällt	er trägt	Bäuche	Träume

2. Leite die Verben ab.

		Wort
du l äu fst (~~eu~~/äu)	wir laufen	du läufst
du schl___fst (e/ä)	wir	
du tr___gst (e/ä)		
du f___llst (e/ä)		
du tr___mst (eu/äu)		
du h___ltst (e/ä)		

3. Leite ab. Setze passend ein.

Eulen sitzen gerne auf B___men. (eu/äu)

Eine Maus l___ft (eu/äu) unter den Bl___ttern. (e/ä)

Sie verstecken sich in den Gr___sern. (e/ä)

Wortarten erkennen

(1) Setze die Begriffe richtig ein: **Nomen**, **Verb**, **Adjektiv**.

Ein V ______ sagt, **was** wir **tun**.

Ein ______ gibt Menschen, Tieren, Pflanzen und Dingen einen **Namen**.

Das ______ sagt, **wie** etwas ist.

(2) Schreibe passend auf.

~~Freund~~	fangen	rennen	lieb	Auto
Seil	laufen	lang	klein	

Nomen: Freund ______ ______

Verben: ______ ______ ______

Adjektive: ______ ______ ______

(3) Schreibe die Nomen aus (2) in der Mehrzahl mit Artikel auf.

die Freunde, ______

______

Präpositionen kennen und verwenden

① Wo sitzt Kari? Ergänze die Sätze.

vor | ~~unter~~ | hinter | neben

Kari sitzt unter dem Schirm.

Kari sitzt __________ dem Pferd.

Kari sitzt __________ dem Zwerg.

Kari sitzt __________ dem Zelt.

② Wo liegt Bu? Ergänze die Sätze.

zwischen | vor | unter | auf

Bu liegt __________ der Wiese.

Bu liegt __________ dem Tisch.

Bu liegt __________ dem Schrank.

Bu liegt __________ den Büchern.

Verben weiterschwingen

① Schreibe die Personalformen der Verben auf.

	sagen		merken
ich	sage	ich	
du		du	
er		er	
wir		wir	

② **k** oder **g**? Schwinge weiter. Setze ein.

		Wort
sie lie_g_t	wir liegen	sie liegt
er par___t		
sie fra___t		

③ **k** oder **g**? Schwinge weiter. Setze ein.

Bu trä_g_t einen Reifen. wir tragen

Kari le___t sich auf das Pony.

Der Ball flie___t in die Luft.

rechtschriftliche Kenntnisse anwenden:
Verben mit Inlautverhärtung (k/g) schreiben;
Rechtschreibstrategien anwenden: Weiterschwingen

• SB, S. 92

Verben weiterschwingen

1 p oder b? Schreibe die Personalformen der Verben auf.

	loben		pumpen
ich	lobe	ich	
du		du	
er		er	
wir		wir	

2 p oder b? Schwinge weiter. Setze ein.

		Wort
sie he_b_t	wir heben	sie hebt
er hu___t		
er pro___t		

3 p oder b? Schwinge weiter. Setze ein.

Kari schie_b_t sein Fahrrad. wir schieben

Bu ü___t mit dem Einrad.

Kari lo___t Bu.

rechtschriftliche Kenntnisse anwenden:
Verben mit Inlautverhärtung (k/g, p/b) schreiben;
Rechtschreibstrategien anwenden: Weiterschwingen

Wortfelder nutzen

1 Setze passende Verben ein.
Achte auf die richtige Verbform.

Alle Wörter mit einer ähnlichen Bedeutung gehören zu einem Wortfeld.

Firas flüstert leise mit Lola.

Sara ______ laut.

Tim ______ nach einem Stift.

Lisa ______: „Nimm meinen.“

Tim ______: „Danke.“

2 Setze die Verben passend ein.

reden | erzählt | fragt | spricht | meint

Sara e______ von der Pause.

Tom ______: „Was ist passiert?“

Alle ______ durcheinander.

Lin ______: „Hört doch mal zu.“

Sara ______ weiter.

Texte überarbeiten: Texte in Bezug auf die sprachliche Gestaltung optimieren (Wortfelder), Wörter sammeln
• SB, S. 95

Verben weiterschwingen

1 Lies. Schwinge. Markiere **g** und **b**.

Grundwortschatz	
er sagt	
sie zeigt	
es legt	
er pflegt	
sie bewegt	

Grundwortschatz	
es schreibt	
er lebt	
sie übt	
es bleibt	
er klebt	

2 Schwinge die Kari-Verben weiter. Wähle drei.

wir sagen – er sagt

3 Setze die Verben passend ein.

bleibt klebt übt

Bu bleibt im Ufo. wir bleiben

Dort ______ er seine Schrift. ______

Er ______ ein Bild auf. ______

Wortarten erkennen

① Zu welcher Wortart gehören die Wörter? Verbinde.

Roller	Nomen	findet
Rutsche	Verb	Schaukel
mutig	Adjektiv	kalt
baut		lustig

Präpositionen kennen und verwenden

② Wo liegt der Ball? Ergänze.

in unter auf neben

Der Ball liegt ______ dem Tor.

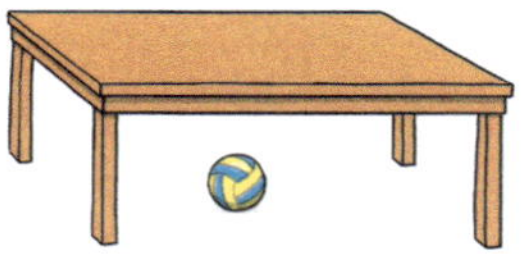

Der Ball liegt ______ dem Tisch.

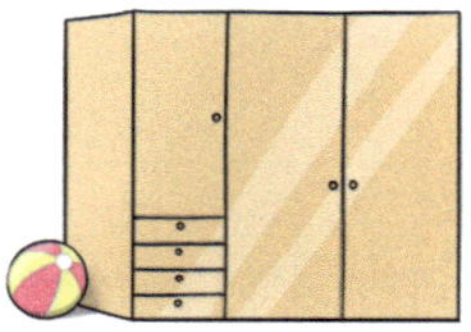

Der Ball liegt ______ dem Schrank.

Der Ball liegt ______ der Wiese.

Inhalte des Kapitels wiederholen; eigenen Lernstand reflektieren

• SB, S. 97

Verben weiterschwingen

① k oder g, p oder b? Schwinge weiter. Setze ein.

	↪	Wort
sie bie___t (k/g)	wir	
er par___t (k/g)		
er zei___t (k/g)		
er grä___t (p/b)		
sie hu___t (p/b)		
sie rei___t (p/b)		

② Schwinge weiter. Setze ein.

Bu lie___t in der Sonne. (k/g)	wir
Bu fe___t mit dem Besen. (k/g)	
Kari pum___t den Reifen auf. (p/b)	
Kari schrei___t einen Brief an Bu. (p/b)	
Bu dan___t ihm. (k/g)	

Zusammengesetzte Nomen kennen und bilden

① Schreibe zusammengesetzte Nomen.
Nur der erste Buchstabe ist groß.

Buch

Seite

Umschlag

Rücken

Buchseite

② Welche Nomen kannst du zusammensetzen? Verbinde.
Schreibe.

Drucker

Patrone

Mann

Kamera

Straße

Frau

③ Welche Nomen findest du in den zusammengesetzten Nomen?
Schreibe sie auf.

Bilder|buch = Bilder + Buch

Plakatwand = ______ + ______

Internetseite = ______ + ______

Fotoalbum = ______ + ______

Sprache untersuchen — sprachliche Strukturen kennen und anwenden: zusammengesetzte Nomen (Substantive) kennen und nutzen, Möglichkeiten der Wortbildung kennen

• SB, S. 100, 101

Merkwörter mit V/v und mit Doppelvokalen schreiben M

1 Sprich die Wörter. Markiere **V/v**. Schreibe.

vor	Vulkan	Vase	Vogel	voll	Verb

Ich höre **w**, aber schreibe **V/v**.	Ich höre **f**, aber schreibe **V/v**.
Vulkan	vor

2 Schreibe die Wörter auf.

3 Schreibe die Wörter auf.
Markiere die Doppelvokale.

~~Waage~~ leer Meer Moor Haare Zoo

aa: Waage,

ee:

oo:

Wörter mit **aa, ee, oo** musst du dir merken.

• SB, S. 102, 103

rechtschriftliche Kenntnisse anwenden:
Wörter mit V/v und mit Doppelvokal schreiben;
Rechtschreibstrategien anwenden: Merken

Ein Schreibprogramm nutzen

1. Verbinde die Funktion des Schreibprogramms mit dem Symbol.

① **fett** schreiben	U
② unterstreichen	✎ ▾
③ Schriftfarbe wählen	**F**
④ *Schriftart* wählen	Abcd ▾
⑤ markieren	*K*
⑥ *kursiv* schreiben	A ▾

2. Welche Funktionen des Schreibprogramms wurden genutzt? Nummeriere.

Herzliche Einladung ◯

zum
Tag der offenen Tür ◯
unserer **Mediathek**. ◯

Wann? ◯ Am Samstag, 30. April um 15.00 Uhr
Es gibt einen *Bücherflohmarkt*. ◯

Der Eintritt ist frei. ◯

Merkwörter mit V/v und Doppelvokalen schreiben

1 Lies. Setze Silbenbögen.
Markiere **V/v** und die Doppelvokale **aa, ee, oo**.

Grundwortschatz		
der Vogel	M	↑
der Vulkan	M	↑
der Vater	M	↑
die Vase	M	↑
die Haare	M	↑

Grundwortschatz		
der Schnee	M	↑
der See	M	↑
die Beere	M	↑
das Moos	M	↑
das Boot	M	↑

2 Schreibe die Kari-Nomen ab.

____

____

____

3 Setze die Nomen passend ein.

Beeren | See | Boot

Kari und Bu sitzen in einem ________. Sie rudern auf dem ________ und essen ________.

Das kann ich

Zusammengesetzte Nomen kennen und bilden

1 Welche Nomen kannst du zusammensetzen? Verbinde. Schreibe.

Radio

Tür

Sender

Computer

Katze

Maus

2 Welche Nomen findest du in den zusammengesetzten Nomen?

Kino|programm = Kino + ______

Buchladen = ______ + ______

Handyvertrag = ______ + ______

Internetseite = ______ + ______

Radiomusik = ______ + ______

3 Bilde ein zusammengesetztes Nomen.

Heft | Programm | Seite

Inhalte des Kapitels wiederholen;
eigenen Lernstand reflektieren

• SB, S. 107

Merkwörter mit V/v schreiben M

① Trage die Wörter passend ein.

Klavier	Pullover	Vase	Vulkan	Vogel

Mein  ____________ ist zu groß.

Der Musiklehrer spielt  ____________.

Aus dem  ____________ fließt Lava.

In der  ____________ stehen Blumen.

Auf dem Ast sitzt ein  ____________.

Merkwörter mit Doppelvokalen schreiben M

② Setze **aa, ee, oo** passend ein.

Im Z____ leben viele Tiere.

Am S____ stehen Flamingos.

Auf der Wiese wächst Kl____.

Der Löwe hat viele H____re.

Verkleinerungsformen bilden

1 Unterstreiche die Verkleinerungsformen.

Im Zwergenland ist alles viel kleiner.
Überall sind kleine Häuschen.
Auf der Bank liegt ein Büchlein.
Auf der Wiese blühen Blümchen.
An den Bäumchen hängen Äpfelchen.
Am Himmel sind Wölkchen.
Die Zwerge hüpfen fröhlich über Steinchen.
In der Hand halten sie kleine Schirmchen.

chen und **lein** machen alle Dinge klein.

2 Schreibe die Nomen mit Verkleinerungsform und Artikel auf.

das Haus – das Häuschen

sprachliche Strukturen kennen und anwenden: Verkleinerungsform von Nomen kennen und nutzen, Möglichkeiten der Wortbildung kennen

• SB, S. 110

Satzbausteine kennen

① Lies. Was kommt neu dazu?
Markiere in jedem Satz.

Alle grüßen.

Alle grüßen morgens.

Alle grüßen morgens auf dem Zeltplatz.

Alle grüßen morgens auf dem Zeltplatz in vielen Sprachen.

② Verlängere den Satz. Schreibe ihn als Treppensatz auf.

im Urlaub | Kinder | aus Bayern

Lola trifft.

Lola trifft ________.

Lola trifft ________ ________.

Lola trifft ________ ________ ________.

③ Verkürze den Satz. Schreibe ihn als Treppensatz auf.

Pablo | spricht | oft | mit Bu | Spanisch.

________ ________ ________ ________.

________ ________ ________.

________ ________.

Merkwörter mit X/x, Y/y und Fremdwörter schreiben M

① Schreibe die Wörter passend auf.

Boxer	Nixe	Pony	Pyramide	Handy

x und **y** musst du dir merken.

② Markiere. Ordne die Nomen nach dem Abc.

Mixer	Text	~~Lexikon~~

1. Lexikon
2.
3.

Party	Yoga	Teddy

1.
2.
3.

③ Markiere **Y/y**. Schreibe die Wörter in die Tabelle.

~~Olympia~~	Handy	Yoga	Party	Yak	Symbol

Y wie Yeti 	y wie Pyramide 	y wie in Pony 
	Olympia	

rechtschriftliche Kenntnisse anwenden:
Wörter mit X/y, Y/y und Fremdwörter schreiben;
Rechtschreibstrategien anwenden: Merken

• SB, S. 112, 113

Eine Postkarte schreiben

① Unterstreiche die Punkte der Checkliste in den richtigen Farben.

Hallo Leo,

ich bin am Bodensee bei meiner Oma. Wir schwimmen oft im See. Das Wetter ist gut.

Viele Grüße

Deine Momo

Leo	Rieger
Tannenweg	7
62190	Blumenstadt

Checkliste:

- Vorname und Nachname
- Straße und Hausnummer
- Postleitzahl und Ort
- Anrede
- Gruß
- Name

② Schreibe eine Postkarte. Denke an die Adresse.

• SB, S. 114

Merkwörter mit X/x, Y/y und Fremdwörter schreiben

① Lies. Setze Silbenbögen. Markiere **x**, **y** und **C/c**.

Grundwortschatz		
die Hexe	M	↑
der Boxer	M	↑
das Taxi	M	↑
das Pony	M	↑
das Handy	M	↑

Grundwortschatz		
das Baby	M	↑
der Cent	M	↑
der Computer	M	↑
der Comic	M	↑
der Clown	M	↑

② Schreibe die Kari-Nomen ab.

③ Setze die Nomen passend ein.

Cent Comic Baby

Ich lese einen lustigen 

__________ .

Ein  __________ ist eine Münze.

Im Kinderwagen liegt ein  __________ .

Das kann ich

Satzbausteine kennen

1. Was kommt neu dazu? Markiere in jedem Satz.

Nils lernt.

Nils lernt mittwochs.

Nils lernt mittwochs Spanisch.

Nils lernt Mittwoch Spanisch mit Mama.

2. Verlängere den Satz. Schreibe ihn als Treppensatz auf.

immer | Englisch | mit Papa

Mama spricht.

Mama spricht ______.

Mama spricht ______ ______.

Mama spricht ______ ______ ______.

3. Verkürze den Satz. Schreibe ihn als Treppensatz auf.

Die Kinder | hören | im Park | viele Sprachen.

______ ______ ______.

______ ______.

Merkwörter mit X/x, Y/y und Fremdwörter schreiben M

1 Setze die Wörter passend ein.

T-Shirt | Pony | Pyramide | Handy | Mixer

Ich reite auf dem  ______.

Heute trage ich mein schönstes  ______.

Ich rufe meine Mama mit dem  ______ an.

Unser  ______ ist sehr laut.

Die  ______ steht in Ägypten.

2 Markiere den ersten Buchstaben. Ordne nach dem Abc.

Toilette Camping Jeans

Training Puzzle Clown

1. ______
2. ______
3. ______

1. ______
2. ______
3. ______

Inhalte des Kapitels wiederholen;
eigenen Lernstand reflektieren

• SB, S. 117